學校 - la escuela   2
旅行 - el viaje   5
交通運送 - el transporte   8
城市 - la ciudad   10
地形 - el paisaje   14
餐館 - el restaurante   17
超市 - el supermercado   20
飲料 - las bebidas   22
食物 - la comida   23
農場 - la granja   27
房子 - la casa   31
客廳 - la sala   33
廚房 - la cocina   35
浴室 - el cuarto de baño   38
兒童房 - la habitación de los niños   42
衣服 - la ropa   44
辦公室 - la oficina   49
經濟 - la economía   51
職業 - los oficios   53
工具 - las herramientas   56
樂器 - los instrumentos musicales   57
動物園 - el zoo   59
體育 - los deportes   62
活動 - las actividades   63
家 - la familia   67
身體 - el cuerpo   68
醫院 - el hospital   72
緊急情形 - la urgencia   76
地球 - la tierra   77
鐘錶 - hora(s)   79
週 - la semana   80
年 - el año   81
形狀 - las formas   83
顏色 - colores   84
反義詞 - los opuestos   85
數字 - los números   88
語言 - los idiomas   90
誰/什麼/如何 - quién / qué / cómo   91
方位 - dónde   92

Impressum
Verlag: BABADADA GmbH, Nedderfeld 112 , 22529 Hamburg
Geschäftsführer / Verlagsleitung: Harald Hof
Druck: Books on Demand GmbH, In de Tarpen 42, 22848 Norderstedt

Imprint
Publisher: BABADADA GmbH, Nedderfeld 112 , 22529 Hamburg, Germany
Managing Director / Publishing direction: Harald Hof
Print: Books on Demand GmbH, In de Tarpen 42, 22848 Norderstedt

學校

la escuela

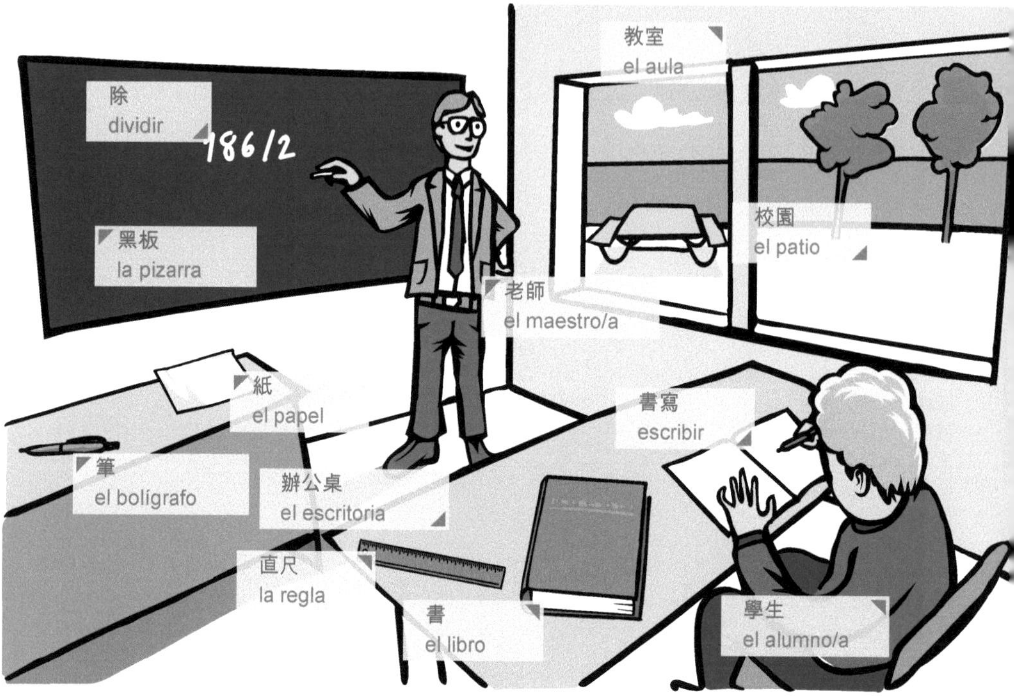
教室
el aula
除
dividir
186/2
黑板
la pizarra
校園
el patio
老師
el maestro/a
紙
el papel
書寫
escribir
筆
el bolígrafo
辦公桌
el escritoria
直尺
la regla
書
el libro
學生
el alumno/a

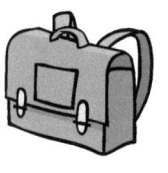

書包

la cartera

鉛筆盒

la caja de lápices

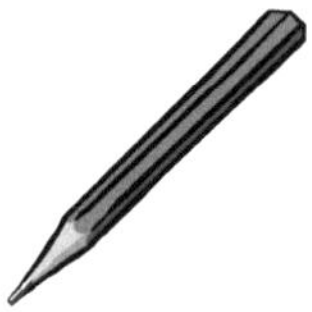

鉛筆

el lápiz

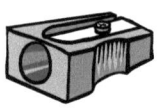

削鉛筆機

el sacapuntas

橡皮擦

la goma de borrar

畫板

el cuaderno de dibujo

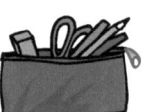

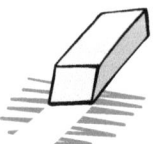

圖畫

el dibujo

畫筆

el pincel

顏料盒

la caja de pinturas

剪刀

las tijeras

膠水

el pegamento

練習冊

el cuaderno de ejercicios

家庭作業

los deberes

12

數字

el número

2+2

加

sumar

5-2

減

restar

2×2

乘

multiplicar

計算

calcular

A

字母

la letra

ABCDEFG
HIJKLMN
OPQRSTU
VWXYZ

字母表

el alfabeto

hello

字

la palabra

課文

el texto

讀

leer

粉筆

la tiza

上課

la lección

登記

el cuaderno de notas

考試

el examen

證書

el certificado

校服

el uniforme

教育

la educación

百科全書

la enciclopedia

大學

la universidad

顯微鏡

el microscopio

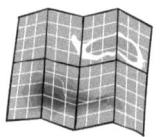

地圖

el mapa

廢紙簍

la papelera

旅行
el viaje

飯店
el hotel
Grand
青年旅社
el albergue
ROOMS
EXCHANGE
兌換處
ficina de cambio de divisas
手提箱
la maleta
汽車
el coche

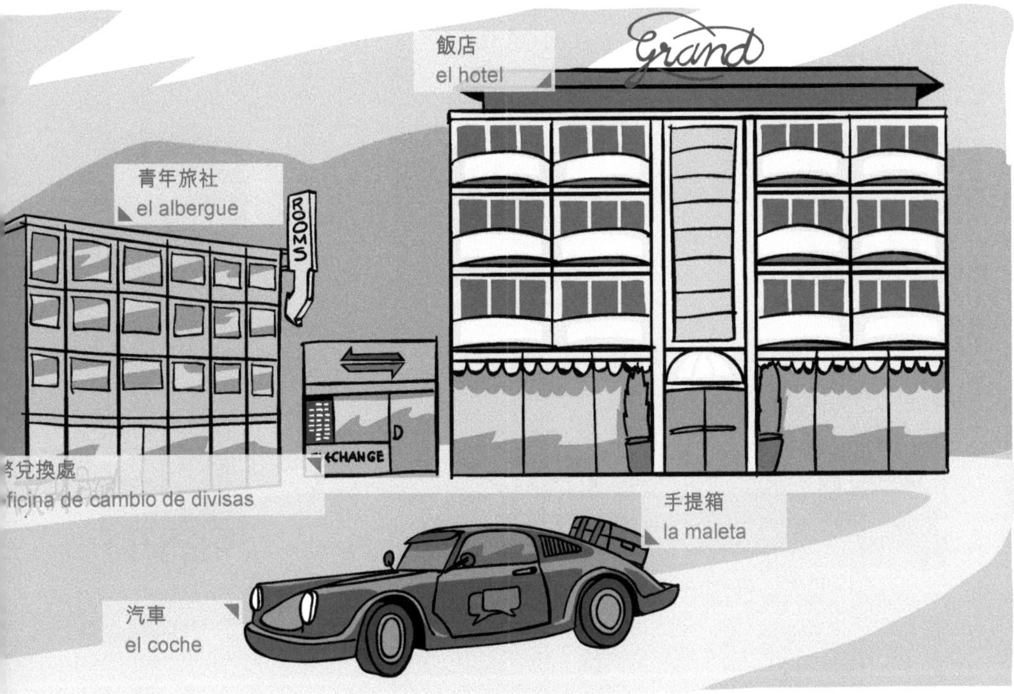

語言

el idioma

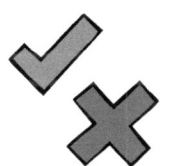

是/否

sí / no

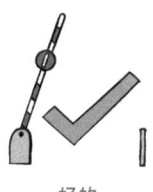

好的

Vale

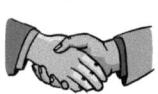

您好

hola

翻譯人員

el traductor

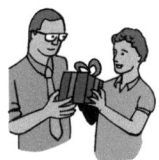

謝謝

Gracias

……多少錢？

¿cuánto es…?

我不明白

No entiendo

問題

el problema

晚上好！

¡Buenas tardes!

早上好！

¡Buenos días!

晚安！

¡Buenas noches!

再見

adiós

方向

la dirección

行李

el equipaje

包

la bolsa

背包

la mochila

客人

el invitado

房間

la habitación

睡袋

el saco de dormir

帳篷

la tienda de campaña

旅行資訊
la información turística

海灘
la playa

信用卡
la tarjeta de crédito

早餐
el desayuno

午餐
el almuerzo

晚餐
la cena

票
el billete

電梯
el ascensor

郵票
el sello

邊界
la frontera

海關
la aduana

大使館
la embajada

簽證
la visa

護照
el pasaporte

交通運送

el transporte

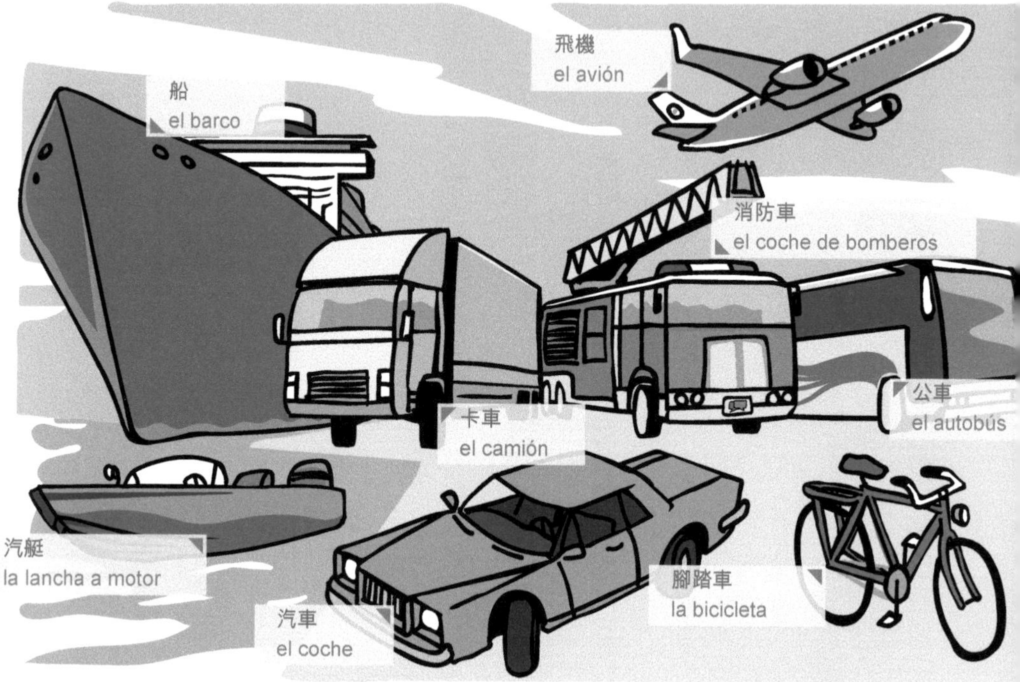
船
el barco
飛機
el avión
消防車
el coche de bomberos
公車
el autobús
卡車
el camión
汽艇
la lancha a motor
腳踏車
la bicicleta
汽車
el coche

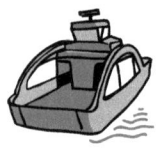

渡輪

el transbordador

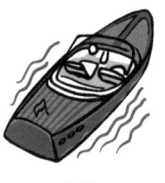

小船

la barca

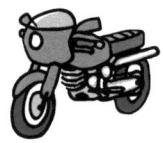

機車

la moto

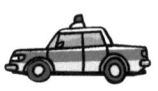

警車

el coche de policía

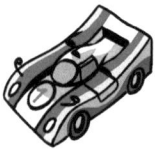

賽車

el coche de carreras

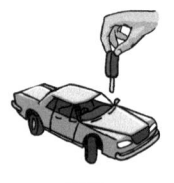

租車

el coche de alquiler

拼車

préstamo de vehículos

拖車

la grúa

垃圾車

el camión de la basura

馬達

el motor

汽油

la gasolina

加油站

la gasolinera

交通標識

la señal de tráfico

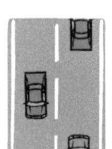

交通

el tráfico

交通堵塞

el atasco

停車場

el aparcamiento

火車站

la estación de tren

軌道

las vías

火車

el tren

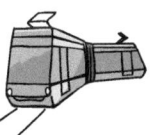

路面電車

el tranvía

客車廂

el vagón

直升機
el helicóptero

機場
el aeropuerto

塔
la torre

乘客
el pasajero

集裝箱
el contenedor

紙板箱
la caja de cartón

手推車
la carretilla

籃子
la cesta

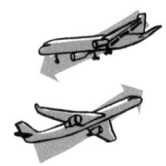

起飛/降落
despegar / aterrizar

城市

la ciudad

村莊
el pueblo

市中心
el centro de la ciudad

房子
la casa

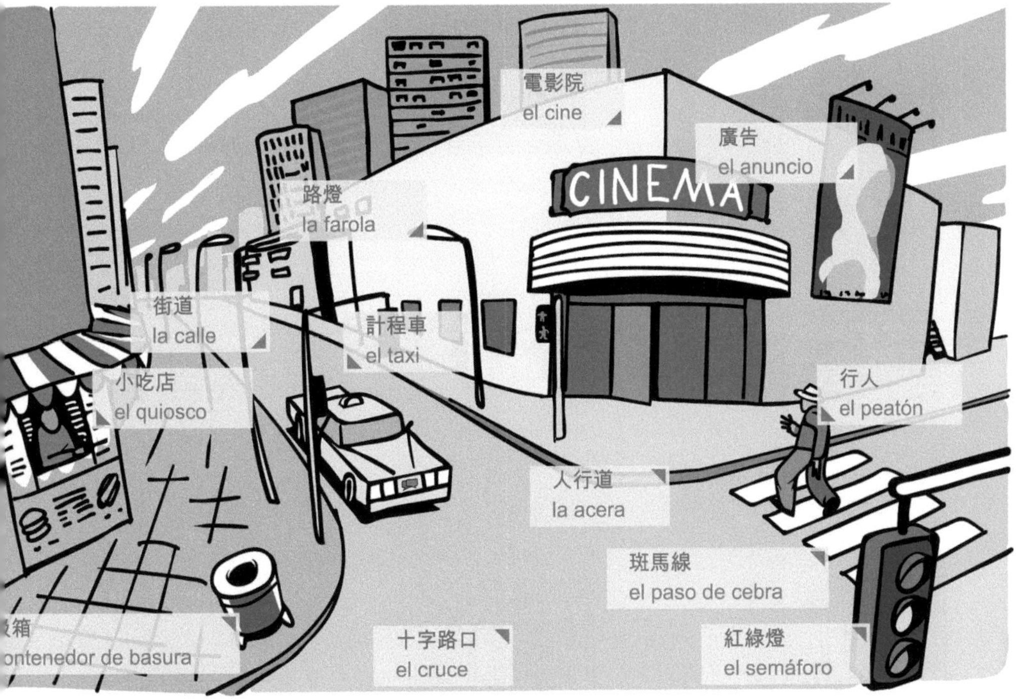
電影院
el cine
廣告
el anuncio
CINEMA
路燈
la farola
街道
la calle
計程車
el taxi
小吃店
el quiosco
行人
el peatón
人行道
la acera
斑馬線
el paso de cebra
箱
ontenedor de basura
十字路口
el cruce
紅綠燈
el semáforo

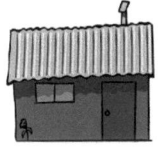

小屋

la cabaña

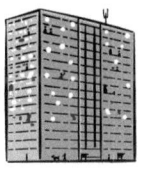

公寓

el apartamento

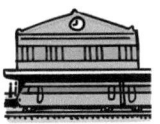

火車站

la estación de tren

市政廳

el ayuntamiento

MUSEUM

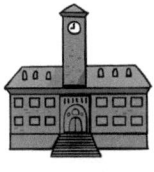

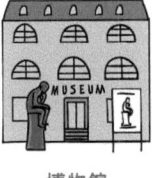

博物館

el museo

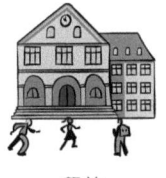

學校

la escuela

大學

la universidad

銀行

el banco

醫院

el hospital

飯店

el hotel

藥房

la farmacia

辦公室

la oficina

書店

la librería

商店

la tienda de campaña

花店

la floristería

超市

el supermercado

市場

el mercado

百貨商店

los grandes almacenes

魚店

la pescadería

購物中心

el centro comercial

海港

el puerto

公園
el parque

長凳
el banco

橋
el puente

樓梯
las escaleras

捷運
el metro

隧道
el túnel

公車站
la parada de autobús

酒吧
el bar

餐館
el restaurante

郵筒
el buzón

路標
el poste indicador

停車計時器
el parquímetro

動物園
el zoo

游泳池
la piscina

清真寺
la mezquita

農場

la granja

污染

la contaminación

墓地

el cementerio

教堂

la iglesia

操場

el patio de juego

寺廟

el templo

地形

el paisaje

樹葉
la hoja

指示牌
la señal

路
el camino

草地
el prado

石頭
la piedra

徒步旅行者
el excursionista

樹
el árbol

河
el río

草
la hierba

花
la flor

峽谷
el valle

丘陵
la colina

湖
el lago

森林
el bosque

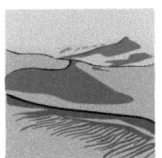

沙漠
el desierto

火山
el volcán

城堡
el castillo

彩虹
el arcoíris

蘑菇
el champiñón

棕櫚樹
la palmera

蚊子
el mosquito

蒼蠅
la mosca

螞蟻
la hormiga

蜜蜂
la abeja

蜘蛛
la araña

甲蟲

el escarabajo

青蛙

la rana

松鼠

la ardilla

刺蝟

el erizo

野兔

la liebre

貓頭鷹

la lechuza

鳥

el pájaro

天鵝

el cisne

野豬

el jabalí

鹿

el ciervo

麋鹿

el alce

水壩

la presa

風力發電機

la turbina eólica

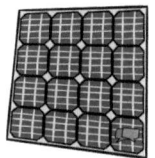

太陽能電池板

el panel solar

氣候

el clima

餐館

el restaurante

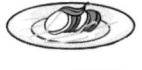

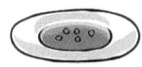

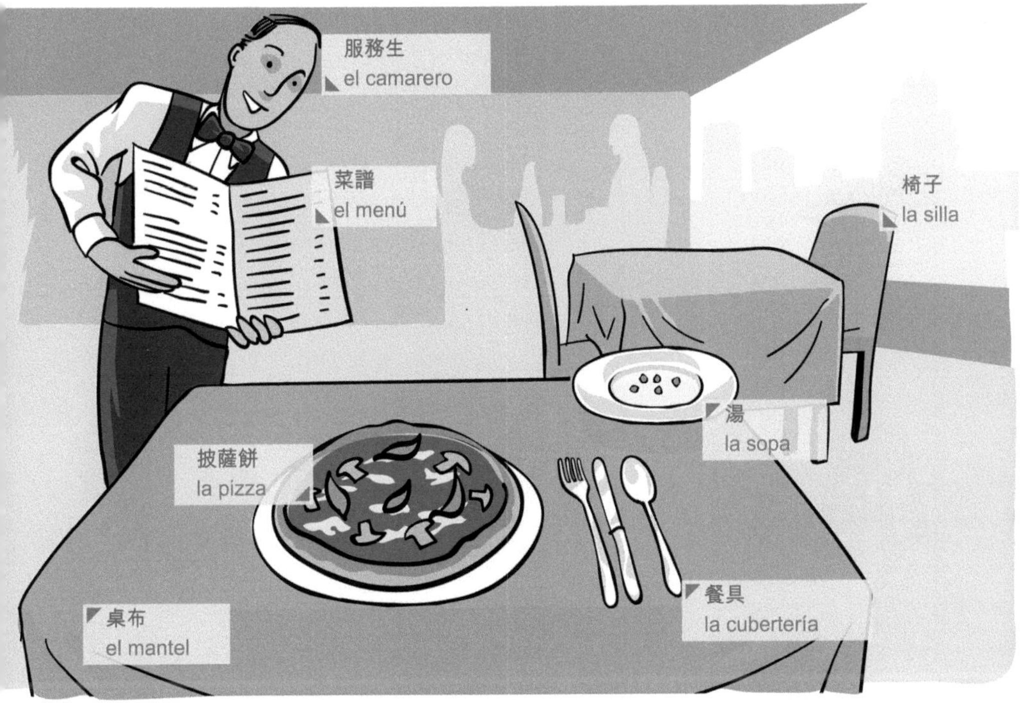
服務生
el camarero
菜譜
el menú
椅子
la silla
湯
la sopa
披薩餅
la pizza
餐具
la cubertería
桌布
el mantel

前菜
el primer plato

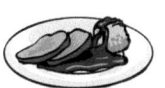

主菜
el plato principal

甜點
el postre

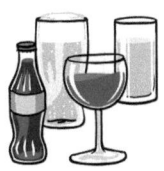

飲料
las bebidas

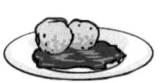

食物
la comida

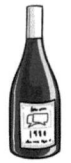

瓶子
la botella

速食

la comida rápida

街邊小吃

la comida callejera

茶壺

la tetera

糖盒

el azucarero

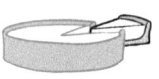

一份飯菜

la porción

義式咖啡機

la cafetera expreso

高腳椅

la trona

帳單

la cuenta

托盤

la bandeja

刀

el cuchillo

餐叉

el tenedor

勺子

la cuchara

茶匙

la cucharilla

餐巾

la servilleta

玻璃杯

el vaso

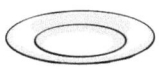

碟子
el plato

湯盤
el plato hondo

碟子
el platillo

醬
la salsa

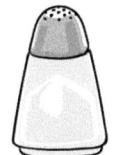

鹽瓶
el salero

胡椒研磨罐
el molinillo de pimienta

醋
el vinagre

食用油
el aceite

調味料
las especias

番茄醬
el ketchup

芥末
la mostaza

美乃滋
la mayonesa

超市

el supermercado

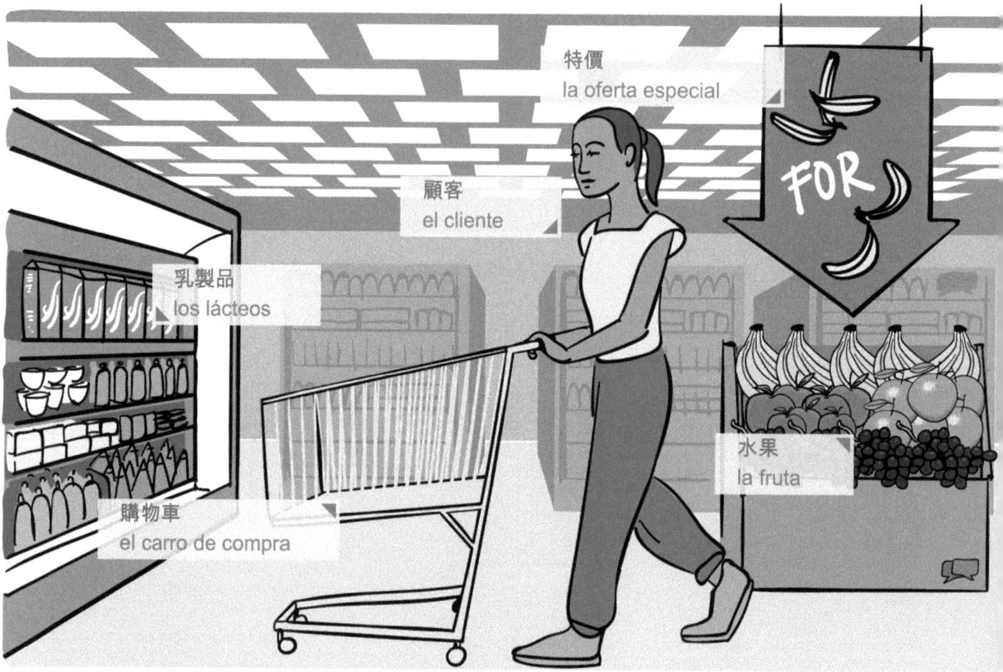

特價
la oferta especial
FOR
顧客
el cliente
乳製品
los lácteos
水果
la fruta
購物車
el carro de compra

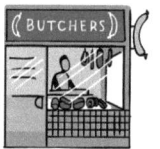

BUTCHERS

肉鋪

la carniceria

BAKERY

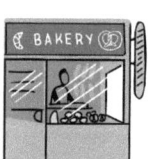

麵包店

la panadería

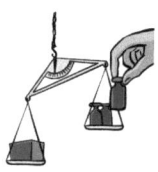

稱重

pesar

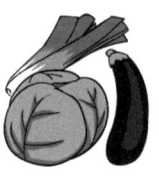

蔬菜

las verduras

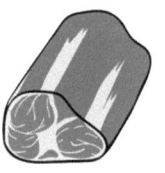

肉

la carne

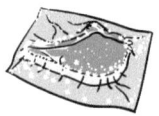

冷凍食品

los alimentos congelados

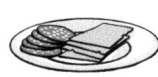

冷盤
los fiambres

罐頭食品
las conservas

洗衣粉
el detergente en polvo

甜食
los dulces

日用品
productos de uso doméstico

清潔用品
productos de limpieza

銷售員
la vendedora

收銀機
la caja de cartón

收銀員
el cajero

購物清單
la lista de la compra

開放時間
el horario de atención al
público

錢包
la cartera

信用卡
la tarjeta de crédito

袋子
la bolsa de plástico

塑膠袋
la bolsa de plástico

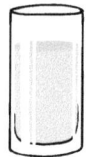

水
el agua

果汁
el zumo

牛奶
la leche

可樂
la cola

紅酒
el vino

啤酒
la cerveza

酒
el alcohol

可可
el cacao

茶
el té

咖啡
el café

義式濃縮咖啡
el expreso

卡布奇諾
el capuchino

香蕉

el plátano

蘋果

la manzana

柳丁

la naranja

西瓜

el melón

檸檬

el limón

胡蘿蔔

la zanahoria

大蒜

el ajo

竹子

el bambú

洋蔥

la cebolla

蘑菇

el champiñón

堅果

las avellanas

麵條

los fideos

義大利麵

las espagueti

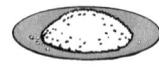

米飯

el arroz

沙拉

la ensalada

薯條

las patatas fritas

炸馬鈴薯

las patatas fritas

披薩餅

la pizza

漢堡

la hamburguesa

三明治

el sándwich

炸豬排

el filete

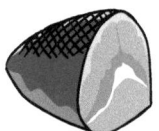

火腿

el jamón

義大利臘腸

le salami

香腸

la salchicha

雞肉

el pollo

烤肉

el asado

魚

el pescado

燕麥片

los copos de avena

木斯里

el muesli

玉米片

los copos de maíz

麵粉

la harina

牛角麵包

el cruasán

麵包捲

el panecillo

麵包

el pan

吐司

la tostada

餅乾

las galletas

奶油

la mantequilla

凝乳

la cuajada

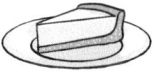

蛋糕

el pastel

蛋

el huevo

煎蛋

el huevo frito

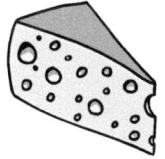

起司

el queso

冰淇淋

el helado

糖

el azúcar

蜂蜜

la miel

果醬

la mermelada

巧克力醬

la crema de turrón

咖哩

el curry

農場

la granja

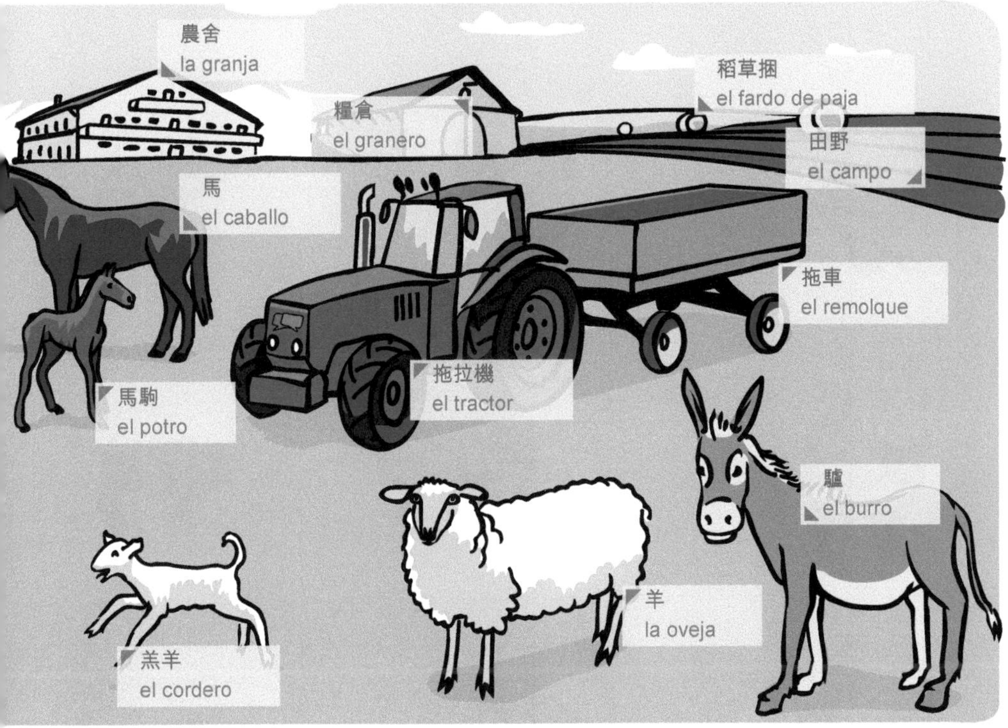

農舍
la granja
稻草捆
el fardo de paja
糧倉
el granero
田野
el campo
馬
el caballo
拖車
el remolque
拖拉機
el tractor
馬駒
el potro
驢
el burro
羊
la oveja
羔羊
el cordero

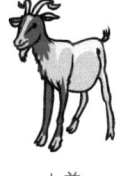

山羊

la cabra

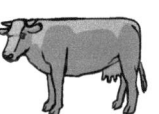

奶牛

la vaca

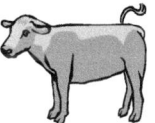

小牛

el ternero

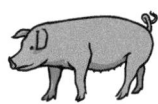

豬

el cerdo

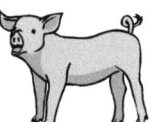

小豬

el cerdito

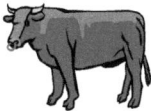

公牛

el toro

鵝

el ganso

鴨

el pato

小雞

el pollo

母雞

la gallina

公雞

el gallo

鼠

la rata

貓

el gato

老鼠

el ratón

牛

el buey

狗

el perro

狗屋

la perrera

花園澆水軟管

la manguera

澆水壺

la regadera

長柄大鐮刀

la guadaña

犁

el arado

鐮刀

la hoz

鋤頭

la azada

長柄草耙

la horca

斧頭

el hacha

獨輪手推車

la carretilla

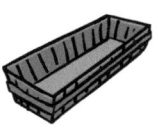

飼料槽

el abrevadero

牛奶罐

la lechera

麻布袋

el saco

柵欄

la valla

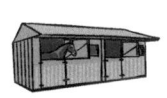

馬廄

el establo

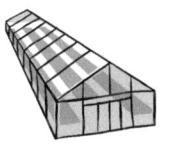

溫室

el invernadero

土壤

el suelo

種子

la semilla

肥料

el fertilizador

聯合收割機

la cosechadora

收割

cosechar

收割

la cosecha

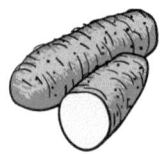

地瓜

el ñame

小麥

el trigo

大豆

el soja

土豆

la patata

玉米

el maíz

油菜籽

la semilla de colza

果樹

el árbol frutal

樹薯

la mandioca

穀物

las cereales

房子
la casa

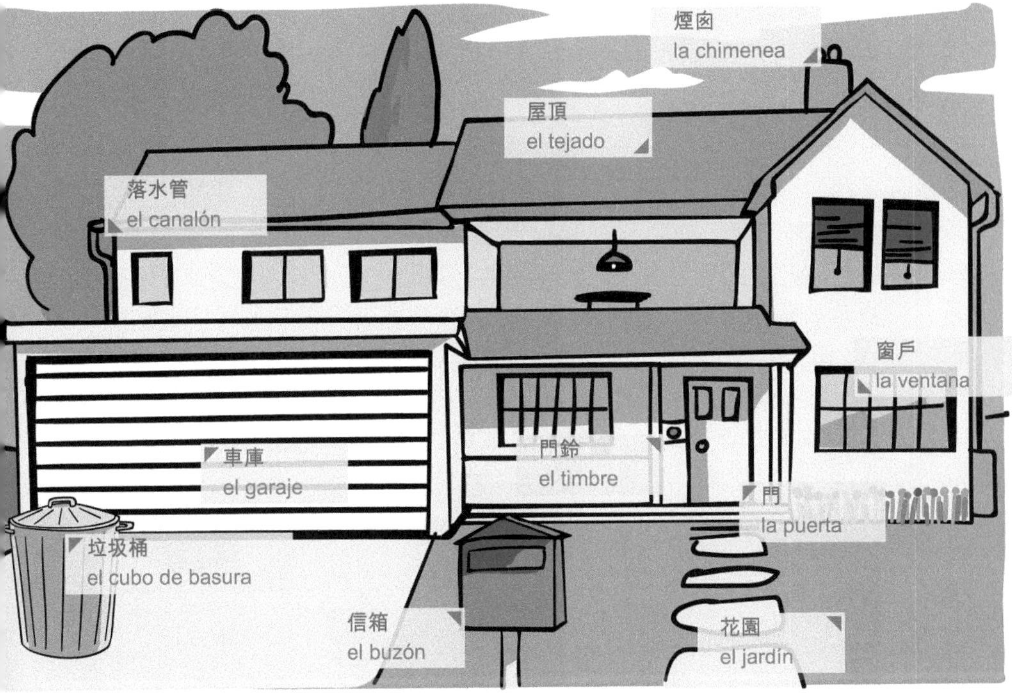
煙囪
la chimenea
屋頂
el tejado
落水管
el canalón
窗戶
la ventana
車庫
el garaje
門鈴
el timbre
門
la puerta
垃圾桶
el cubo de basura
信箱
el buzón
花園
el jardín

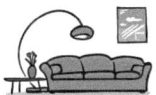

客廳

la sala

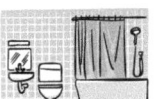

浴室

el cuarto de baño

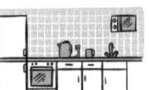

廚房

la cocina

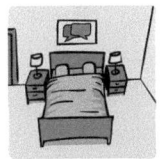

臥室

el dormitorio

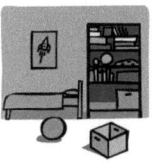

兒童房

la habitación de los niños

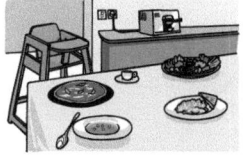

餐廳

el comedor

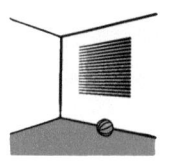

地板

el suelo

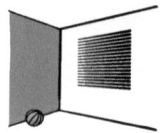

牆壁

la pared

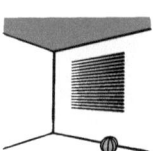

天花板

el techo

地窖

el sótano

三溫暖

la sauna

陽臺

el balcón

露臺

la terraza

游泳池

la piscina

割草機

el cortacésped

被單

la sábana

床罩

la colcha

床

la cama

掃帚

la escoba

水桶

el balde

開關

el interruptor

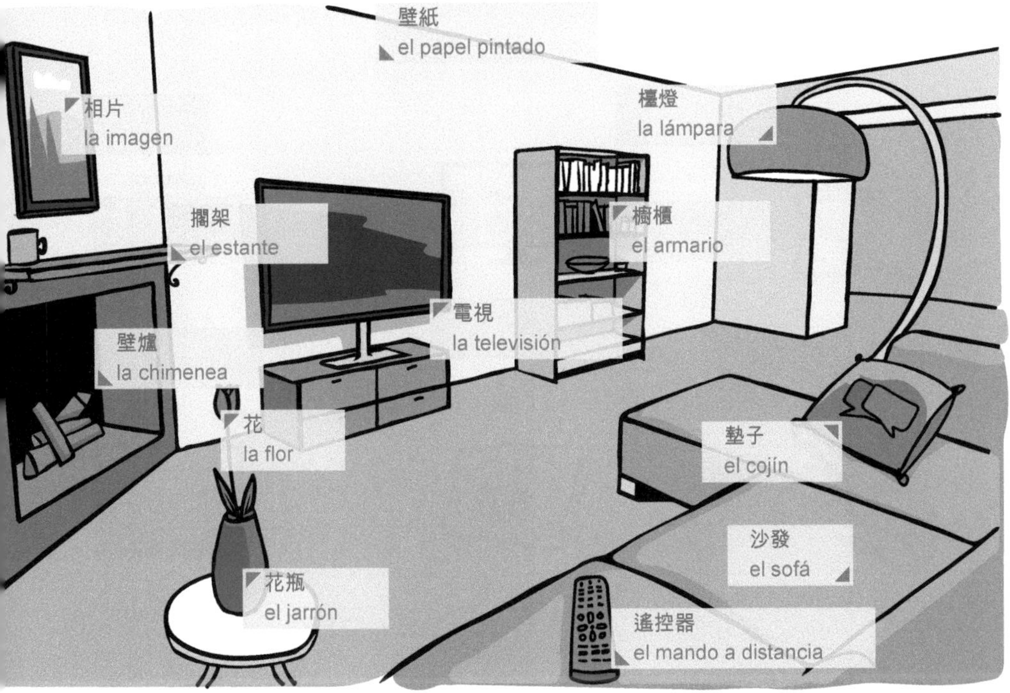

壁紙
el papel pintado

相片
la imagen

檯燈
la lámpara

擱架
el estante

櫥櫃
el armario

壁爐
la chimenea

電視
la televisión

花
la flor

墊子
el cojín

花瓶
el jarrón

沙發
el sofá

遙控器
el mando a distancia

地毯
la alfombra

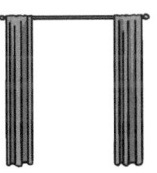

窗簾
la cortina

餐桌
la mesa

椅子
la silla

搖椅
el mecedora

扶手椅
la butaca

書

el libro

毯子

la manta

裝飾品

la decoración

木柴

la leña

電影

la película

高傳真音響

el equipo de música

鑰匙

la llave

報紙

el periódico

油畫

la pintura

海報

el póster

收音機

la radio

筆記本

el cuaderno

吸塵器

la aspiradora

仙人掌

el cactus

蠟燭

la vela

廚房

la cocina

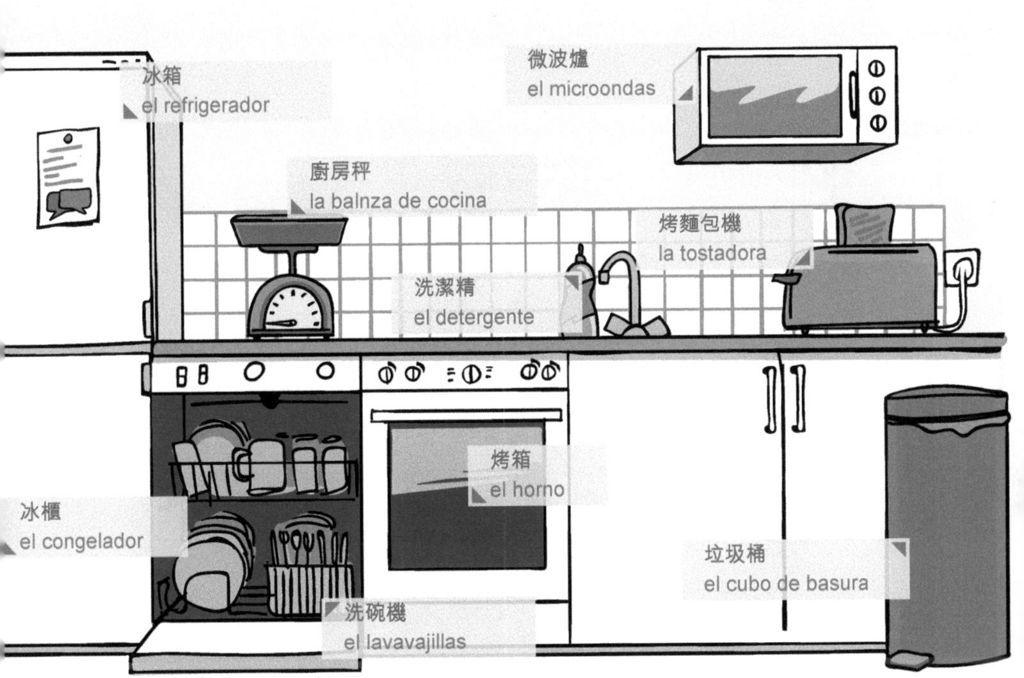
冰箱
el refrigerador
微波爐
el microondas
廚房秤
la balnza de cocina
烤麵包機
la tostadora
洗潔精
el detergente
烤箱
el horno
冰櫃
el congelador
垃圾桶
el cubo de basura
洗碗機
el lavavajillas

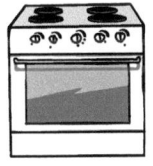

炊具

la olla a presión

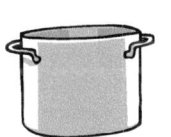

鍋

la olla

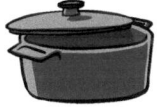

鑄鐵鍋

la olla de hierro fundido

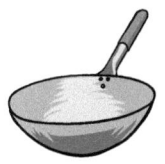

炒鍋

el wok

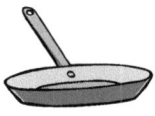

平底鍋

la cazuela

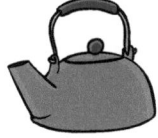

水壺

el hervidor

蒸鍋

la vaporera

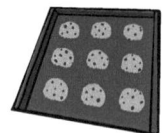

烤盤

la chapa de horno

陶瓷鍋

la vajilla

馬克杯

la taza

碗

el tazón

筷子

los palillos

長柄勺

el cucharón

鏟子

la espumadera

攪拌器

el batidor

濾網

el colador

篩子

el cedazo

磨碎機

el rallador

研缽

el mortero

燒烤

la barbacoa

明火

la hoguera

菜板
la tabla de picar

擀麵杖
el rodillo

開瓶器
el sacacorchos

罐子
la lata

開罐器
el abrelatas

隔熱手套
el agarrador

水槽
el lavabo

刷子
el cepillo

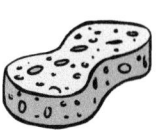

海綿
la esponja

攪拌機
la batidora

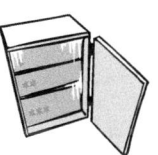

冷藏箱
el congelador

奶瓶
el biberón

水龍頭
el grifo

el cuarto de baño

供暖裝置
la calefacción

淋浴
la ducha

毛巾
la toalla

浴簾
la cortina de la ducha

泡沫浴
el baño de espuma

浴缸
la bañera

玻璃杯
el vaso

洗衣機
la lavadora

瓷磚
las baldosas

水龍頭
el grifo

便壺
el orinal

水槽
el lavabo

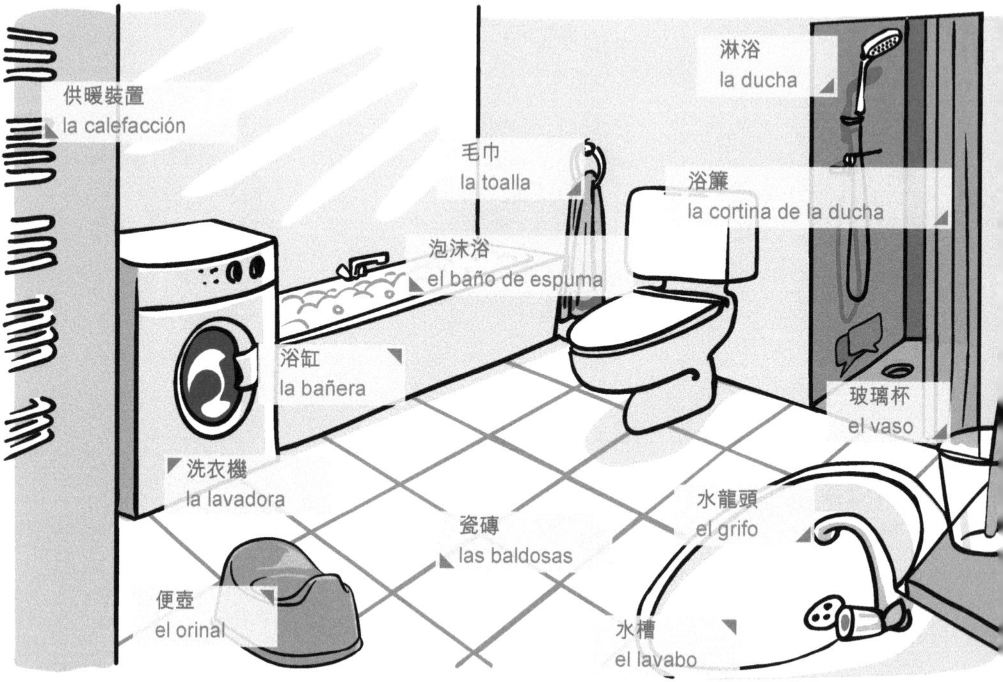

廁所
el inodoro

蹲便器
el inodoro rústico

坐浴器
el bidé

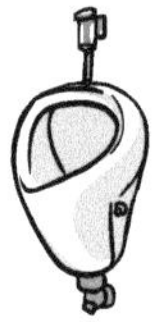

小便斗
el urinario

廁紙
el papel higiénico

馬桶刷
la escobilla del váter

牙刷

el cepillo de dientes

牙膏

la pasta de dientes

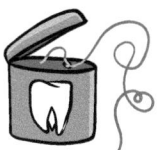

牙線

el hilo dental

洗

lavar

手持式蓮蓬頭

la ducha de mano

沖洗器

la ducha íntima

洗臉盆

la pila

洗背刷

el cepillo de espalda

肥皂

el jabón

沐浴露

el gel de ducha

洗髮乳

el champú

法蘭絨

la toallita

排水

el desagüe

乳霜

la crema

除臭劑

el desodorante

鏡子

el espejo

手鏡

el espejo de tocador

刮鬍刀

la maquinilla de afeitar

刮鬍泡沫

la espuma de afeitar

鬚後水

la loción postafeitado

梳子

el peine

刷子

el cepillo

吹風機

el secador

噴髮定型劑

la laca

化妝品

el maquillaje

唇膏

el pintalabios

指甲油

el pintauñas

化妝棉

el algodón

指甲剪

el cortauñas

香水

el perfume

洗漱包

el estuche de viaje

凳子

la banqueta

計重秤

la balanza

浴袍

el albornoz

橡膠手套

los guantes de goma

衛生棉條

el tampón

衛生棉

la compresa

化學廁所

el inodoro químico

兒童房

la habitación de los niños

鬧鐘
el despertador
毛絨玩具
el peluche
玩具車
el coche de juguete
撥浪鼓
el sonajero
玩具屋
la casa de muñecas
禮物
el regalo

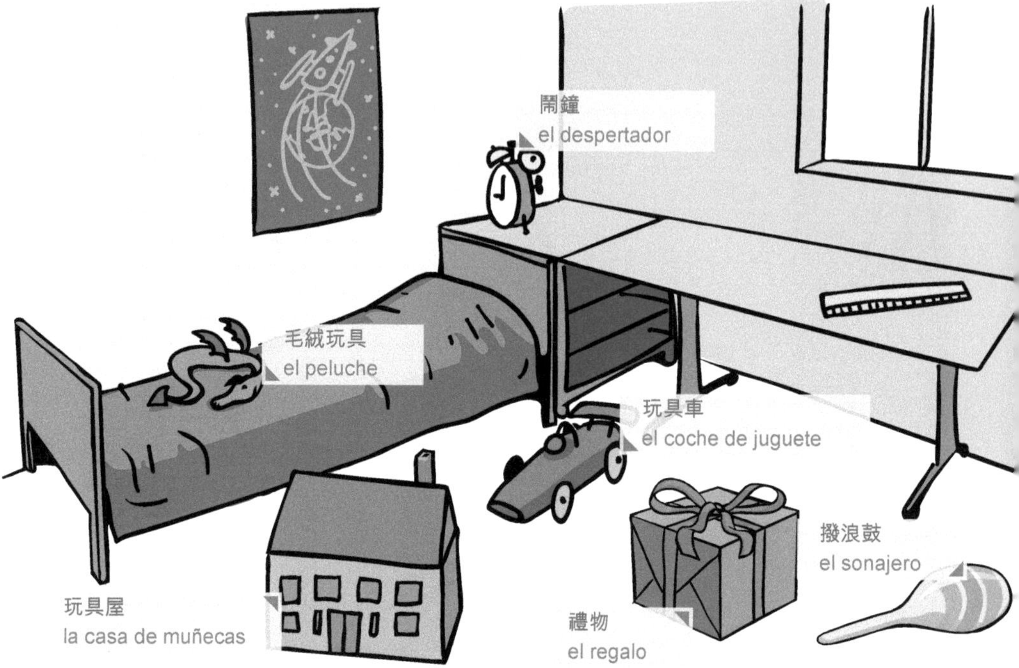

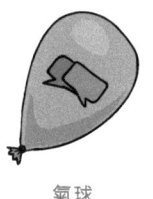

氣球

el globo

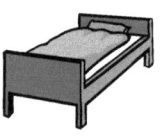

床

la cama

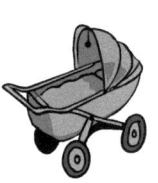

嬰兒車

el coche de niño

撲克牌

los naipes

拼圖

el puzle

SUPER
MEGA

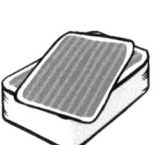

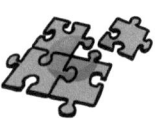

漫畫

el tebeo

樂高積木

las piezas de lego

積木玩具

los bloques de juguete

公仔

la figura de acción

嬰兒服

el bodi (de bebé)

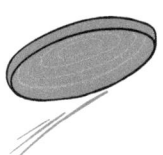
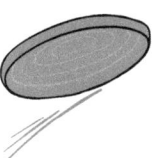

飛盤

el frisbee

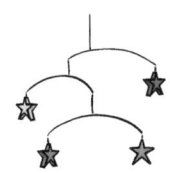

床鈴玩具

el colgador móvil para bebés

棋盤遊戲

el juego de mesa

骰子

los dados

火車模型

el circuito de tren eléctrico

安撫奶嘴

el maniquí

派對

la fiesta

繪本

el álbum de fotos

球

la pelota

洋娃娃

la muñeca

玩

jugar

沙坑

el cajón de arena

鞦韆

el columpio

玩具

los juguetes

電玩遊戲

la videoconsola

三輪車

el triciclo

泰迪熊

el oso de peluche

衣櫃

la guardarropa

衣服

la ropa

襪子

los calcetines

長襪

las medias

緊身褲

los leotardos

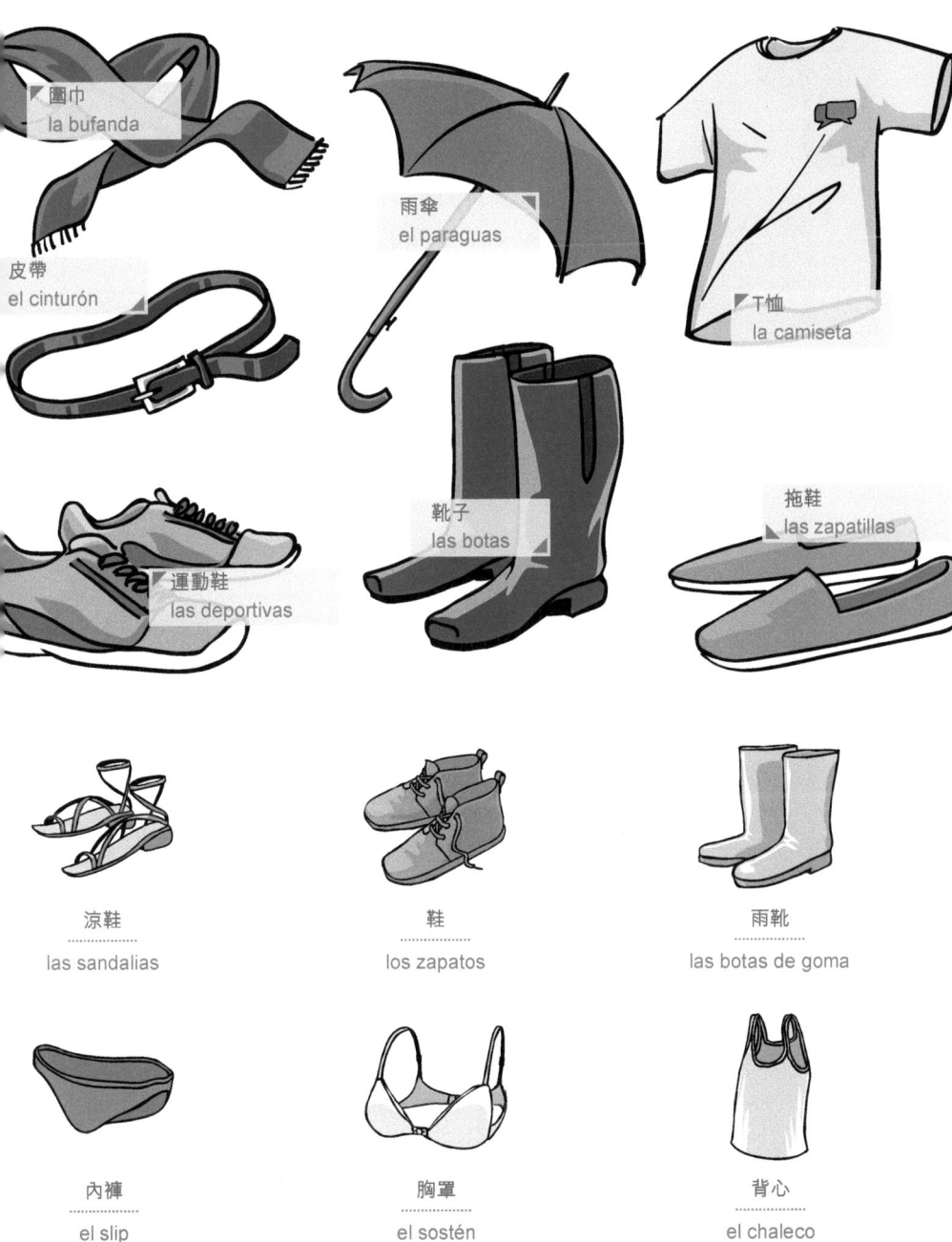

圍巾
la bufanda

雨傘
el paraguas

T恤
la camiseta

皮帶
el cinturón

靴子
las botas

拖鞋
las zapatillas

運動鞋
las deportivas

涼鞋
las sandalias

鞋
los zapatos

雨靴
las botas de goma

內褲
el slip

胸罩
el sostén

背心
el chaleco

身體
el bodi

褲子
los pantalones cortos

牛仔褲
los vaqueros

短裙
la falda

女式襯衫
la blusa

襯衫
la camisa

套頭衫
el jersey

連帽上衣
el suéter

西裝夾克
el blazer

夾克
la chaqueta

外套
el abrigo

雨衣
la gabardina

套裝
el traje

連衣裙
el vestido

婚紗
el vestido de novia

西裝
el traje

睡袍
el camisón

睡衣
el pijama

莎麗
el sati

頭巾
el bandana

包頭巾
el turbante

波卡
la burka

卡夫坦
el caftán

(阿拉伯式)長袍
la abaya

泳衣
el traje de baño

男式泳褲
el bañador

短褲
los pantalones cortos

運動服
el chándal

圍裙
el delantal

手套
los guantes

鈕扣

el botón

眼鏡

las gafas

手鏈

el brazalete

項鍊

el collar

戒指

el anillo

耳環

el pendiente

便帽

la gorra

衣架

la percha

帽子

el sombrero

領帶

la corbata

拉鍊

la cremallera

安全帽

el casco

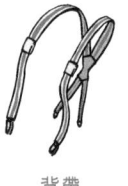

背帶

los tirantes

校服

el uniforme

制服

el uniforme

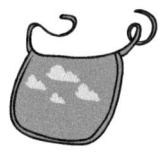

圍兜
el babero

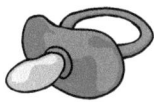

安撫奶嘴
el maniquí

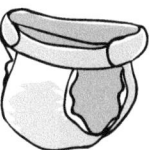

尿布
el pañal

辦公室
la oficina

伺服器
el servidor
檔案櫃
el archivo
印表機
la impresora
紙
el papel
螢幕
el monitor
滑鼠
el ratón
辦公桌
el escritoria
資料夾
la carpeta
鍵盤
el teclado
椅子
la silla
廢紙簍
la papelera
電腦
el ordenador

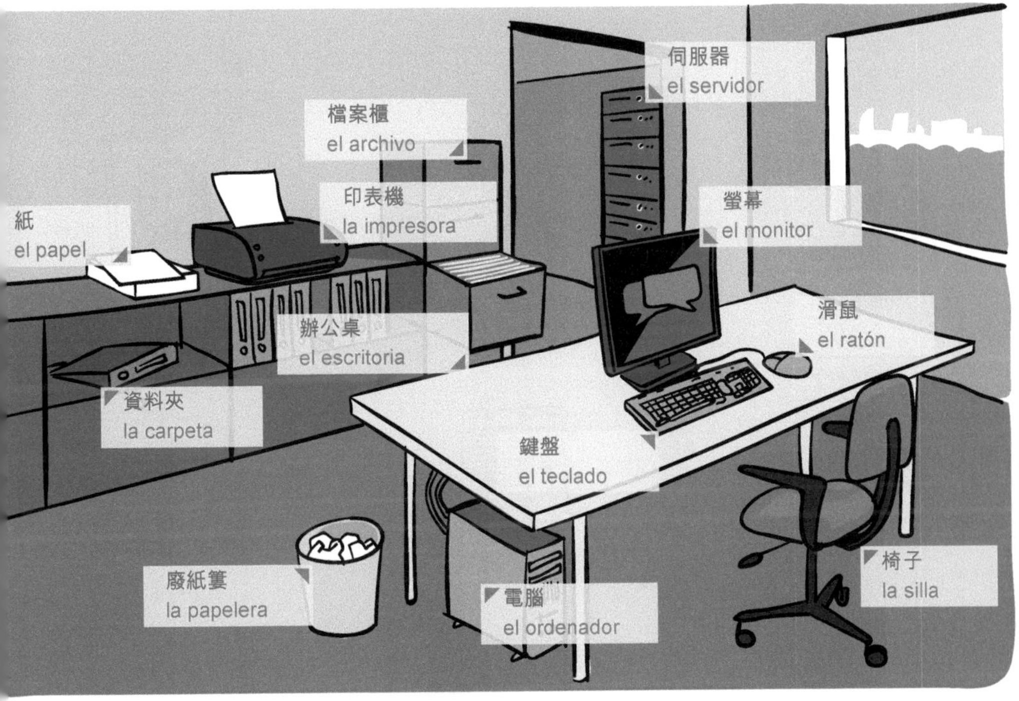

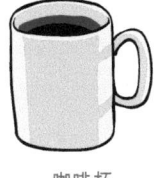

咖啡杯
la taza de café

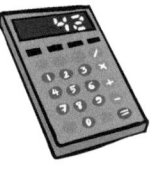

計算機
la calculadora

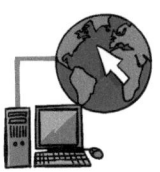

網際網路
el internet

筆記型電腦

el portátil

信件

la carta

簡訊

el mensaje

行動電話

el móvil

網路

la red

影印機

la fotocopiadora

軟體

el software

電話

el teléfono

插座

la toma de corriente

傳真機

el fax

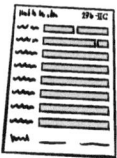

表格

el formulario

檔案

el documento

買

comprar

付錢

pagar

交易

comerciar

現金

el dinero

美元

el dólar

歐元

el euro

日元

el yen

盧布

el rublo

瑞士法郎

el franco suizo

人民幣

el renminbi yuan

盧比

la rupia

提款處

el cajero automático

外幣兌換處
la oficina de cambio de divisas

金
el oro

銀
la plata

石油
el petróleo

能源
la energía

價格
el precio

合約
el contrato

稅金
el impuesto

股票
la acción

工作
trabajar

職員
el empleador

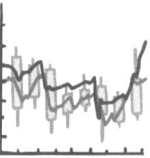

老闆
el empleador

工廠
la fábrica

商店
la tienda de campaña

警官
el agente de policía

消防員
▶ el bombero

廚師
el cocinero

醫師
el médico

飛行員
el piloto

園丁

el jardinero

木匠

el carpintero

裁縫

la costurera

法官

el juez

化學家

el farmacéutico

演員

el actor

公車司機

el conductor de autobús

計程車司機

el taxista

漁夫

el pescador

清洗女工

la señora de la limpieza

屋頂工

el techador

服務生

el camarero

獵人

el cazador

畫家

el pintor

麵包師

el panadero

電工

el electricista

建築工人

el obrero

工程師

el ingeniero

屠夫

el carnicero

水管工

el fontanero

郵差

el cartero

士兵

el soldado

建築師

el arquitecto

收銀員

el cajero

花農

el florista

理髮師

el peluquero

售票員

el revisor

機械技師

el mecánico

船長

el capitán

牙醫

el dentista

科學家

el científico

拉比

el rabino

伊瑪目

el imán

和尚

el monje

牧師

el sacerdote

las herramientas

鐵錘
el martillo

鉗子
los alicates

螺絲起子
el destornillador

手電筒
la linterna

扳手
la llave

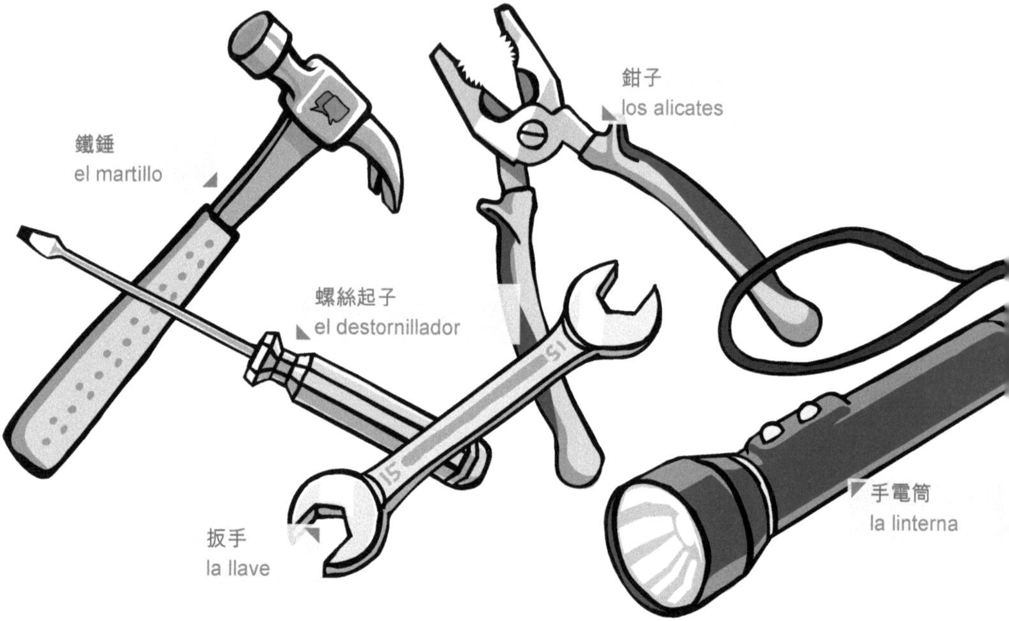

挖掘機

la excavadora

工具箱

la caja de herramientas

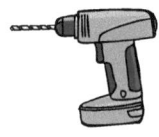

梯子

la escalera de mano

鋸子

la sierra

釘子

los clavos

鑽機

el taladro

修
reparar

鏟子
la pala

糟糕！
¡Maldita sea!

畚箕
el recogedor

油漆桶
el bote de pintura

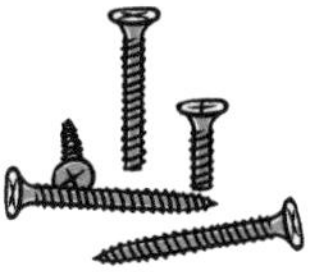

螺絲
los tornillos

樂器
los instrumentos musicales

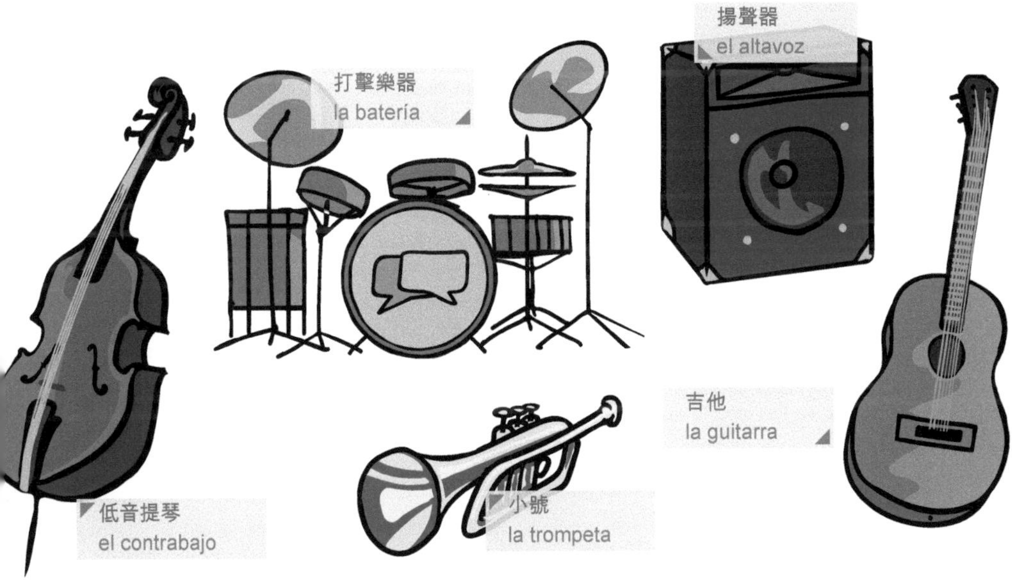

打擊樂器
la batería

揚聲器
el altavoz

吉他
la guitarra

低音提琴
el contrabajo

小號
la trompeta

鋼琴

el piano

小提琴

el violín

貝斯

bajo

定音鼓

los timbales

鼓

el tambor

電子琴

el teclado

薩克斯風

el saxofón

長笛

la flauta

麥克風

el micrófono

動物園

el zoo

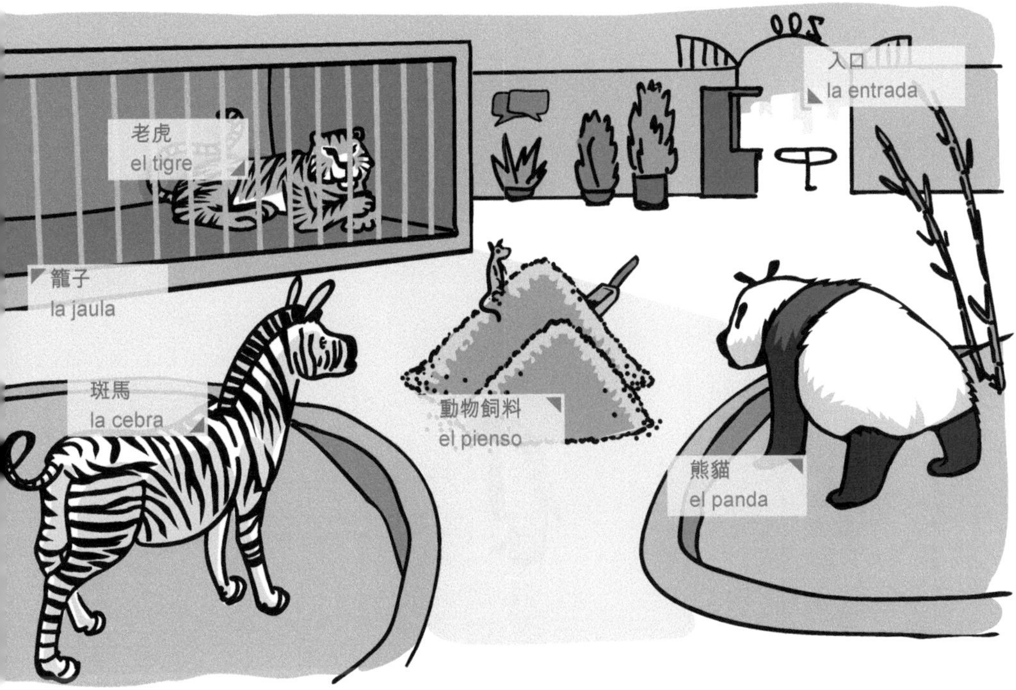

入口
la entrada
老虎
el tigre
籠子
la jaula
斑馬
la cebra
動物飼料
el pienso
熊貓
el panda

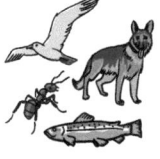

動物

los animales

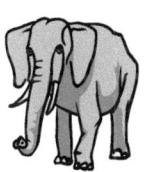

大象

el elefante

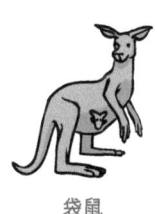

袋鼠

el canguro

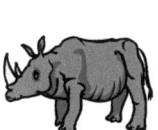

犀牛

el rinoceronte

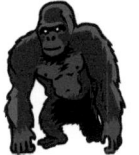

大猩猩

el gorila

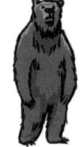

熊

el oso

駱駝

el camello

鴕鳥

el avestruz

獅子

el león

猴子

el mono

紅鶴

el flamingo

鸚鵡

el loro

北極熊

el oso polar

企鵝

el pingüino

鯊魚

el tiburón

孔雀

el pavo real

蛇

la serpiente

鱷魚

el cocodrilo

動物園管理員

el guardián de zoológico

海豹

la foca

美洲豹

el jaguar

矮種馬

el poni

豹

el leopardo

河馬

el hipopótamo

長頸鹿

la jirafa

老鷹

el águila

野豬

el jabalí

魚

el pescado

龜

la tortuga

海象

la morsa

狐狸

el zorro

羚羊

la gacela

橄欖球
el fútbol americano

騎腳踏車
el ciclismo

網球
el tenis

籃球
el baloncesto

游泳
la natación

拳擊
el boxeo

冰球
el hockey sobre hielo

美式足球
el fútbol

羽毛球
el bádminton

田徑
el atletismo

手球
el balonmano

滑雪
el esquí

馬球
el polo

跳 saltar

擁抱 abrazar

笑 reír

走路 caminar

唱 cantar

做夢 soñar

祈禱 rezar

親吻 besar

書寫
escribir

畫
dibujar

展示
mostrar

推
empujar

給
dar

拿
tomar

有
tener

做
hacer

當
ser

站
estar de pie

跑
correr

拉
tirar

丟
tirar

摔倒
caer

躺
yacer

等待
esperar

攜帶
llevar

坐
estar sentado

穿衣
vestirse

睡覺
dormir

醒來
despertar

　　　　活動 - las actividades

看
mirar

哭
llorar

擊
acariciar

梳頭
peinar

交談
hablar

明白
entender

問
preguntar

聽
escuchar

喝
beber

吃
comer

清理
ordenar

愛
amar

做飯
cocinar

開車
conducir

飛
volar

航行

navegar

計算

calcular

讀

leer

學習

aprender

工作

trabajar

結婚

casarse

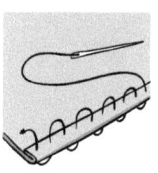

縫

coser

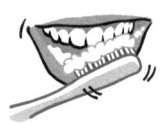

刷牙

cepillarse los dientes

殺

matar

抽菸

fumar

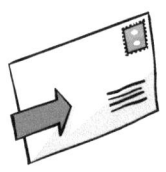

寄

enviar

la familia

祖母
la abuela

祖父
el abuelo

父親
el padre

母親
la madre

嬰兒
el bebé

女兒
la hija

兒子
el hijo

客人
el invitado

阿姨
la tía

叔叔
el tío

兄弟
el hermano

姐妹
la hermana

身體

el cuerpo

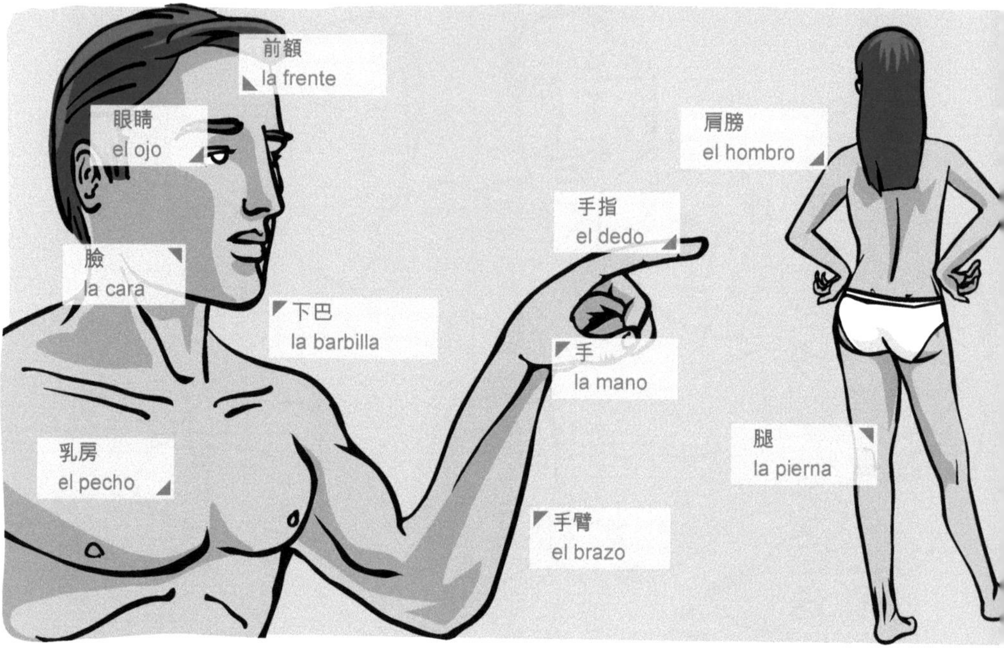

前額
la frente
眼睛
el ojo
肩膀
el hombro
手指
el dedo
臉
la cara
下巴
la barbilla
手
la mano
腿
la pierna
乳房
el pecho
手臂
el brazo

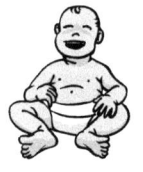

嬰兒
el bebé

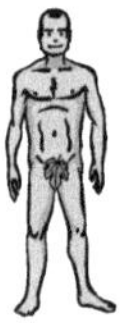
男人
el hombre

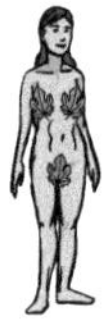
女人
la mujer

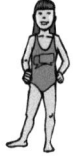

女孩
la chica

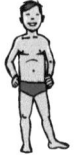

男孩
el chico

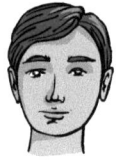

頭
la cabeza

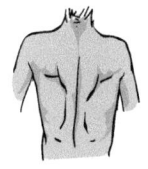

背部

la espalda

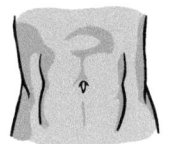

肚子

el vientre

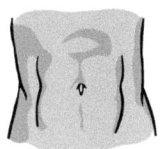

肚臍

el ombligo

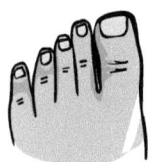

腳趾

el dedo del pie

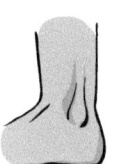

腳後跟

el talón

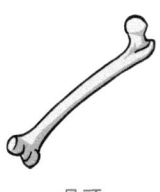

骨頭

el hueso

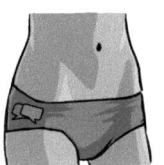

臀部

la cadera

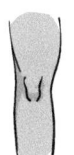

膝蓋

la rodilla

手肘

el codo

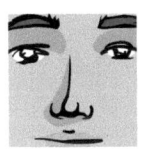

鼻子

la nariz

屁股

el trasero

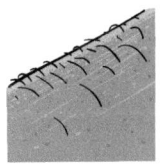

皮膚

la piel

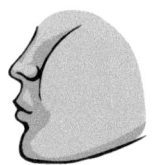

臉頰

la mejilla

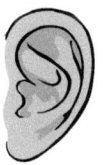

耳朵

el oído

嘴唇

el labio

嘴

la boca

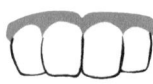

牙齒

el diente

舌頭

la lengua

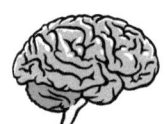

腦

el cerebro

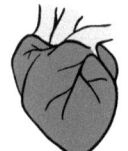

心臟

el corazón

肌肉

el músculo

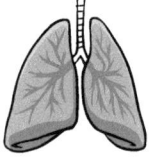

肺

el pulmón

肝臟

el hígado

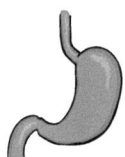

胃

el estómago

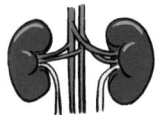

腎臟

los riñones

性交

el sexo

保險套

el condón

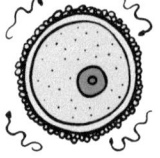

卵子

el ovario

精子

el semen

懷孕

el embarazo

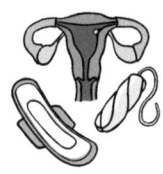

月事

la menstruación

陰道

la vagina

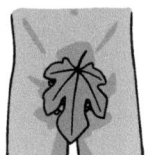

陰莖

el pene

眉毛

la ceja

頭髮

el pelo

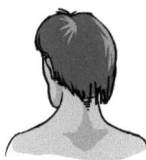

脖子

el cuello

身體 - el cuerpo

醫院

el hospital

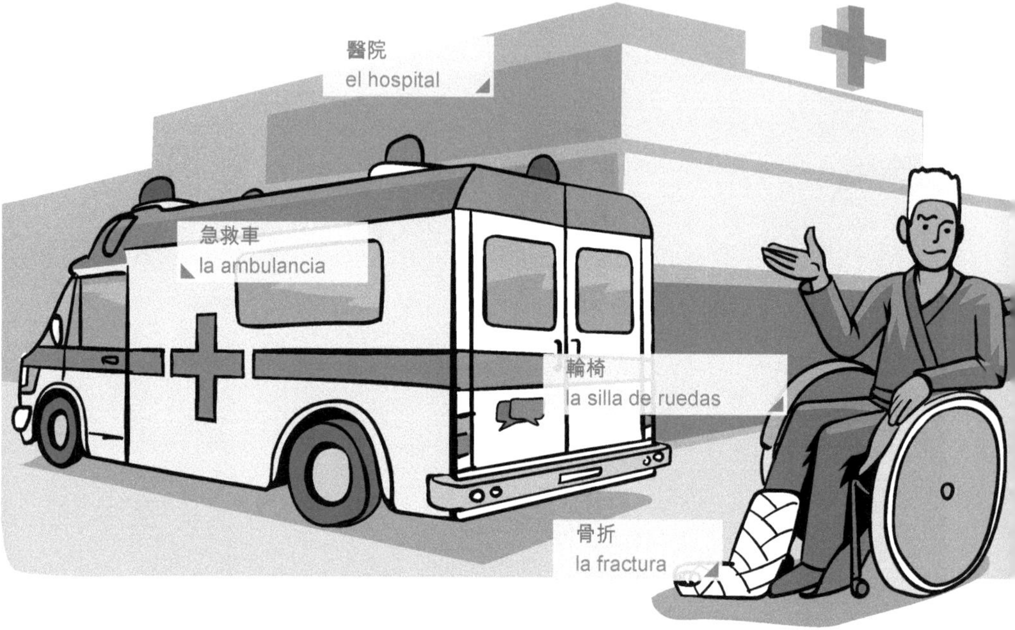

醫院
el hospital
急救車
la ambulancia
輪椅
la silla de ruedas
骨折
la fractura

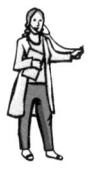

醫師

el médico

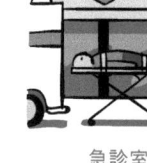

急診室

la sala de urgencias

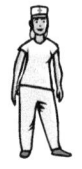

護理師

la enfermera

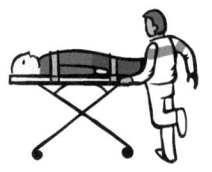

緊急情形

la urgencia

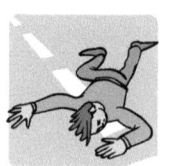

昏迷

inconsciente

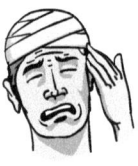

痛

el dolor

受傷
la lesión

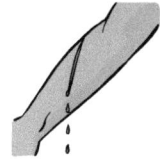

出血
la hemorragia

心臟病發作
el infarto

中風
el ictus

過敏
la alergia

咳嗽
la tos

發燒
la fiebre

流感
la gripe

腹瀉
la diarrea

頭痛
el dolor de cabeza

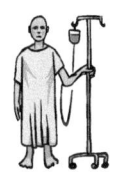

癌症
el cáncer

糖尿病
la diabetes

外科醫師
el cirujano

手術刀
el bisturí

手術
la operación

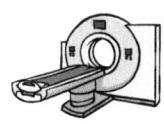

電腦斷層掃描
TAC

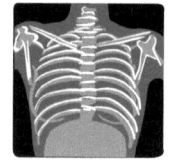

X光
los rayos x

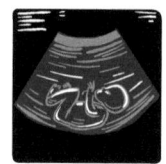

超音波
el ultrasonido

口罩
la mascarilla

疾病
la enfermedad

候診室
la sala de espera

拐杖
la muleta

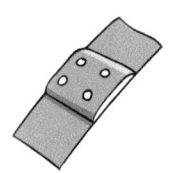

石膏
la tirita

繃帶
la venda

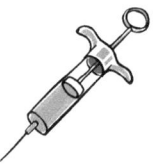

注射
la inyección

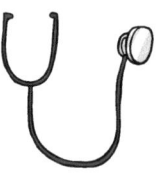

聽診器
el estetoscopio

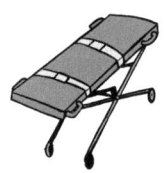

擔架
la camilla

體溫計
el termómetro

出生
el nacimiento

超重
el sobrepeso

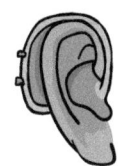

助聽器

el audífono

消毒液

el desinfectante

感染

la infección

病毒

el virus

愛滋病

VIH / SIDA

藥物

la medicina

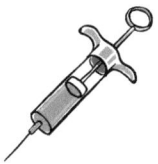

接種疫苗

la vacunación

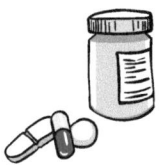

藥片

las tabletas

藥丸

la pastilla

急救電話

la llamada de urgencia

血壓計

el tensiómetro

生病/健康

enfermo / sano

救命！

¡Socorro!

la alarma

警報

el asalto

突擊

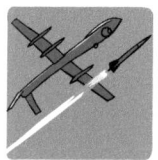

攻擊

el ataque

危險

el peligro

緊急出口

la salida de emergencia

失火了！

¡Fuego!

滅火器

el extintor de incendios

意外

el accidente

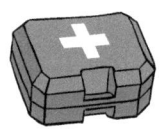

急救箱

el botiquín de primeros
auxilios

呼救訊號

SOS

員警

la policía

歐洲

Europa

北美洲

Norteamérica

南美洲

Sudamérica

非洲

África

亞洲

Asia

澳洲

Australia

大西洋

el atlántico

太平洋

el Pacífico

印度洋

el Océano Índico

南冰洋

el Océano Antártico

北冰洋

el Océano Ártico

北極

el polo norte

南極
....
el polo sur

南極洲
....
La Antártida

地球
....
la tierra

陸地
....
la tierra

海
....
el mar

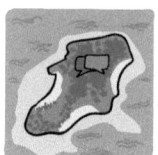

島
....
la isla

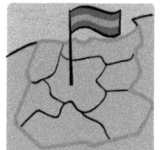

國家
....
la nación

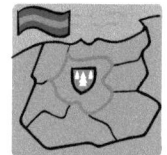

州
....
el estado

錶盤

la esfera

時針

la manecilla de las horas

分針

el minutero

秒針

el segundero

現在幾點？

¿Qué hora es?

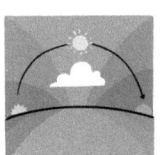

天

el día

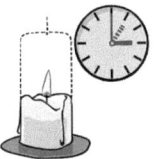

時間

el tiempo

現在

ahora

電子錶

el reloj digital

分

el minuto

時

la hora

週

la semana

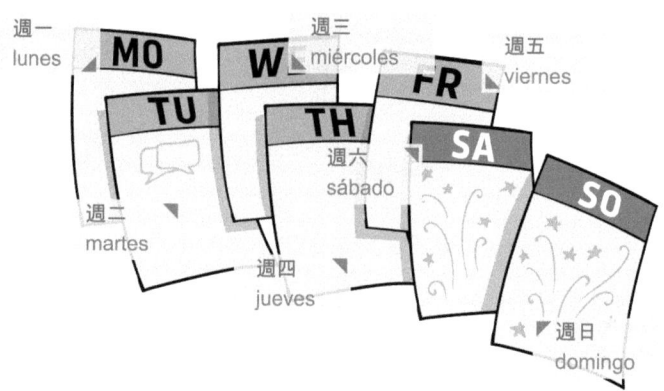

週一 lunes
週三 miércoles
週五 viernes
週二 martes
週四 jueves
週六 sábado
週日 domingo

昨天

ayer

今天

hoy

明天

mañana

早晨

la mañana

中午

el mediodía

晚上

la tarde

MO	TU	WE	TH	FR	SA	SU
1	2	3	4	5	6	7
8	9	10	11	12	13	14
15	16	17	18	19	20	21
22	23	24	25	26	27	28
28	30	31	1	2	3	4

工作日

los días laborables

MO	TU	WE	TH	FR	SA	SU
1	2	3	4	5	6	7
8	9	10	11	12	13	14
15	16	17	18	19	20	21
22	23	24	25	26	27	28
29	30	31	1	2	3	4

週末

el fin de semana

年

el año

雨
la lluvia
彩虹
el arcoíris
雪
la nieve
風
el viento
春
la primavera
秋
el otoño
夏
el verano
冬
el invierno

4.APRIL 11°
5.APRIL 4°
6.APRIL 13°
7.APRIL 8°
8.APRIL 10°

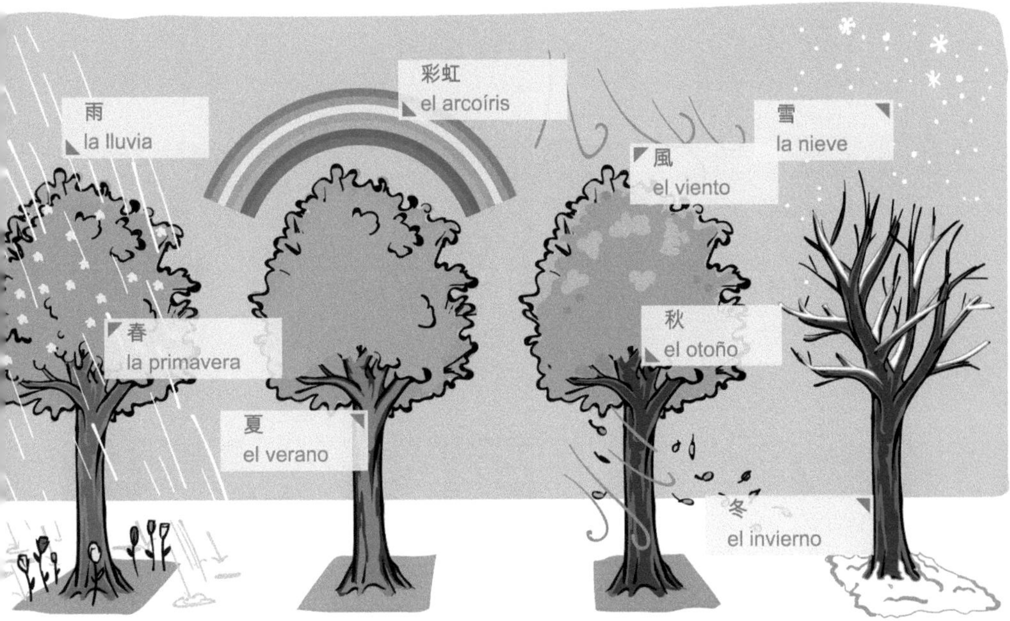

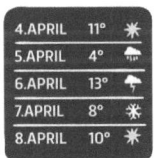

天氣預告

el pronóstico del tiempo

F C
120 90 60 30 0 -30
40 30 20 10 0 -10 -20

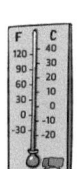

溫度計

el termómetro

陽光

el sol

雲

la nube

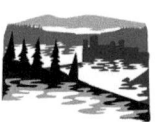

霧

la niebla

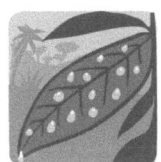

潮濕

la humedad

閃電

el rayo

打雷

el trueno

風暴

la tormenta

冰雹

el granizo

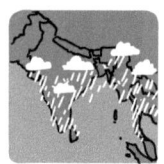

季風

el monzón

洪水

la inundación

冰

el hielo

一月

enero

二月

febrero

三月

marzo

四月

abril

五月

mayo

六月

junio

七月

julio

八月

agosto

年 - el año

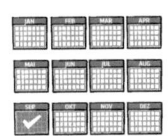

九月
....
septiembre

十月
....
octubre

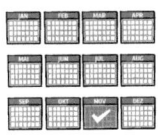

十一月
....
noviembre

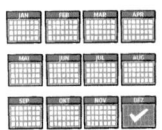

十二月
....
diciembre

形狀

las formas

圓形
....
el círculo

正方形
....
el cuadrado

長方形
....
el rectángulo

三角形
....
el triángulo

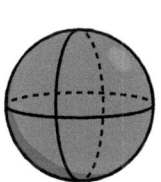

球體
....
la esfera

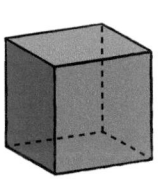

立方體
....
el cubo

白

blanco

黃

amarillo

橙

anaranjado

粉

rosa

紅

rojo

紫

morado

藍

azul

綠

verde

棕

marrón

灰

gris

黑

negro

很多/少許

mucho / poco

生氣/平靜

enojado / tranquilo

美/醜

bonito / feo

首/尾

principio / fin

大/小

grande / pequeño

明/暗

claro / oscuro

兄弟/姐妹

el hermano / la hermana

乾淨/骯髒

limpio / sucio

完整/缺失

completo / incompleto

白天/晚上

el día / la noche

死/生

muerto / vivo

寬/窄

ancho / estrecho

可食用/非食用

comestible / no comestible

邪惡/善良

malo / amable

興奮/無聊

entusiasmado / aburrido

胖/瘦

gordo / delgado

第一/最後

primero / último

朋友/敵人

el amigo / el enemigo

滿/空

lleno / vacío

硬/軟

duro / blando

重/輕

pesado / ligero

餓/渴

el hambre / la sed

生病/健康

enfermo / sano

非法/合法

ilegal / legal

聰明/愚笨

inteligente / tonto

左/右

izquierda / derecha

近/遠

cerca / lejos

新/舊

nuevo / usado

沒有/有些

nada / algo

老/幼

viejo / joven

開/關

encendido / apagado

打開/闔上

abierto / cerrado

安靜/吵鬧

silencioso / ruidoso

富/窮

rico / pobre

對/錯

correcto / incorrecto

粗糙/光滑

áspero / suave

傷心/高興

triste / contento

短/長

corto / largo

慢/快

lento / rápido

濕/乾

húmedo / seco

溫暖/涼爽

cálido / frío

戰爭/和平

guerra / paz

los números

0

零

cero

1

一

uno

2

二

dos

3

三

tres

4

四

cuatro

5

五

cinco

6

六

seis

7

七

siete

8

八

ocho

9

九

nueve

10

十

diez

11

十一

once

12
十二
doce

13
十三
trece

14
十四
catorce

15
十五
quince

16
十六
dieciséis

17
十七
diecisiete

18
十八
dieciocho

19
十九
diecinueve

20
二十
veinte

100
百
cien

1.000
千
mil

1.000.000
百萬
el millón

數字 - los números

英語

el inglés

美式英語

el inglés americano

普通話

el chino madarín

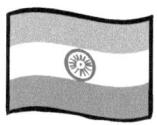

印地語

el hindi

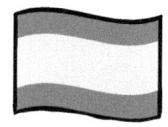

西班牙語

el español

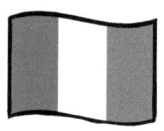

法語

el francés

阿拉伯語

el árabe

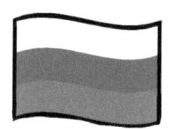

俄語

el ruso

葡萄牙語

el portugués

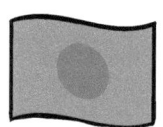

孟加拉語

el bengalí

德語

el alemán

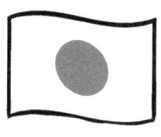

日語

el japonés

我

yo

你

tú

他/她/它

él / ella / ello

我們

nosotros/as

你們

vosotros/as

他們

ellos/as

誰？

¿quién?

什麼？

¿qué?

如何？

¿cómo?

何處？

¿dónde?

何時？

¿cuándo?

名字

el nombre

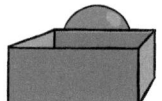

後面

detrás

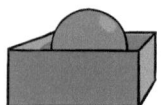

裡面

en

前面

delante de

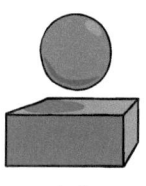

上方

por encima de

上面

sobre

下麵

debajo de

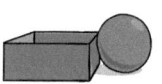

旁邊

junto a

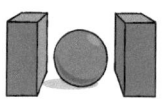

中間

entre

地點

el lugar